Barbidou    Barbabelle    Barbapapa    Barbamama

# BARBAPAPA

## Barbouille au zoo

Annette Tison
& Talus Taylor

LES LIVRES DU DRAGON D'OR

Barbouille fait
des photos dans le zoo.

Il sort son super zoom
pour faire un gros plan.

Mais maman-ours se fâche.

Attention, Barbouille !
Les ours sont très dangereux !

Comment faire...

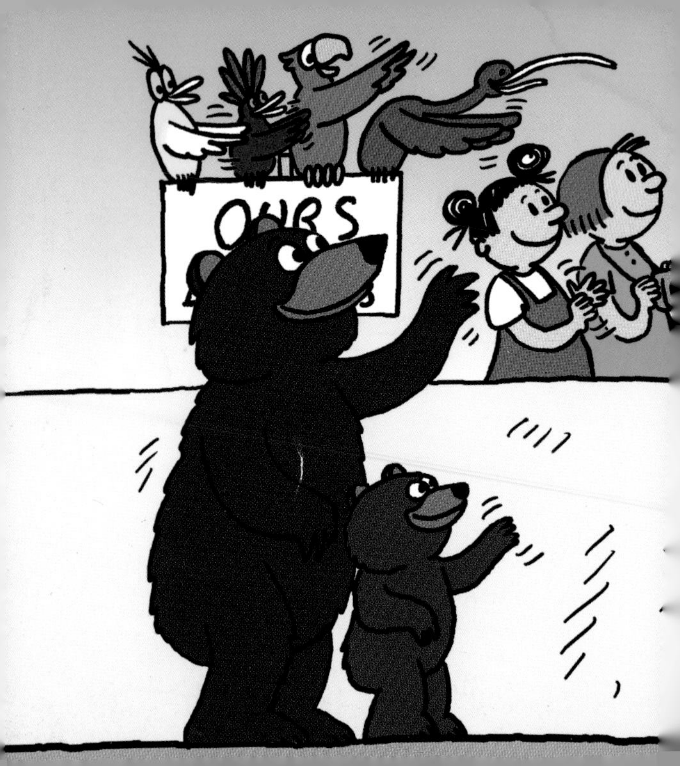
OURS

Barbalala  Barbidur  Barbouille  Barbotine  Barbi